Dios es un Ser divino, absolutamente perfecto en tres Personas. Su *ser* es lo que Dios es a diferencia del universo que Él creó. El Padre, el Hijo y el Espíritu Santo son llamados Personas porque se relacionan entre sí de manera personal.

Cuando los cristianos hablan de creer en un Dios en tres Personas (la Trinidad), NO significa que creen en:

1 Dios en 3 Dioses, o
3 Personas en 1 Persona, o
3 Personas en 3 Dioses, o
1 Persona en 3 Dioses

Más bien, significa que creen en:

1 Dios en 3 Personas

Por lo tanto,
El Padre es Dios — la primera Persona de la Trinidad.
El Hijo es Dios — la segunda Persona de la Trinidad.
El Espíritu Santo es Dios — la tercera Persona de la Trinidad.

Teófilo, sexto obispo de Antioquía de Siria, hasta donde se conoce, es la primera persona que usó la palabra "Trinidad", en su obra Refutación de Autolico (168 d.C.)

¿Por qué los cristianos creen en la Trinidad?

La Biblia enseña claramente que hay un solo Dios. Sin embargo, a las tres Personas se les llama Dios.

Hay un solo Dios:

- *Oye, Israel: Jehová nuestro Dios, Jehová uno es.* (Deuteronomio 6:4)
- *Yo soy el primero, y yo soy el postrero, y fuera de mí no hay Dios ... No hay Dios sino yo.* (Isaías 44:6,8; 43:10)
  Yo soy Jehová, y ninguno más hay; no hay Dios fuera de mí. (Isaías 45:5)

El Padre es Dios:

- *Para nosotros, sin embargo, sólo hay un Dios, el Padre ...* (1 Corintios 8:6; 1 Corintios 1:3; Efesios 4:4-6)

El Hijo es Dios:

- *El Verbo era Dios.* (Juan 1:1–5,14). *A Jesús se lo identifica como "el Verbo."*
- *Yo y el Padre uno somos.* (Juan 10:30–33)
- Tomás, el discípulo de Jesús, llamó a Jesús *"Mi Señor y mi Dios."* (Juan 20:28)

  Jesús no le dijo a Tomás que se había equivocado; en lugar de ello, Jesús aceptó estos títulos. Otros en la Escritura, inclusive Pablo y Bernabé (Hechos 14), rehusaron aceptar adoración como si fueran dioses.

Referencias y versículos bíblicos importantes

Atributos Divinos	Padre	Hijo	Espíritu Santo
Eterno	X Rom. 16:26,27	X Apocalipsis 1:17	X Hebreos 9:14
Creador de todas las cosas	X Salmo 100:3	X Colosenses 1:16	X Salmo 104:30
Omnipresente (capacidad de estar en todo lugar al mismo tiempo)	X Jeremías 23:24	X Efesios 1:23	X Salmo 139:7
Omnisciente (lo sabe todo)	X 1 Juan 3:20	X Juan 21:17	X 1 Cor. 2:10
Actúa soberana y supernaturalmente	X Efesios 1:5	X Mateo 8:3	X 1 Cor. 12:11
Dador de vida	Génesis 1:11-31 ver también Juan 5:21	Juan 1:4 ver también Juan 5:21	Rom. 8:10,11 ver también Juan 3:8
Fortalecedor de los creyentes	X Salmo 138:3	X Filipenses 4:13	X Efesios 3:16

Referencias

https://carm.org/node/3592
Ministerio de Apologética e Investigación Cristiana

http://www.literaturabautista.com/wp-content/files/LA-DOCTRINA-DE-LA-DEIDAD.pdf
Literatura Bautista

http://www.vidaeterna.org/esp/estudios/trinidad.htm
Ministerios Vida Eterna

http://www.bible.org/page.asp?page_id=3057
bible.org

Qué es la Trinidad y qué creen los cristianos

LA TRINIDAD

- ¿Qué es la Trinidad?
- Respuestas a los malentendidos
- Lo que los primeros cristianos dijeron respecto a la Trinidad

ROSE
ESPAÑOL

Qué creen los cristianos sobre la Trinidad

En forma sencilla, los cristianos creen que:
Hay un solo Dios, y este único Dios existe como una esencia en tres Personas.

Las 3 Personas son Dios Padre
Dios Hijo (Jesucristo)
Dios Espíritu Santo

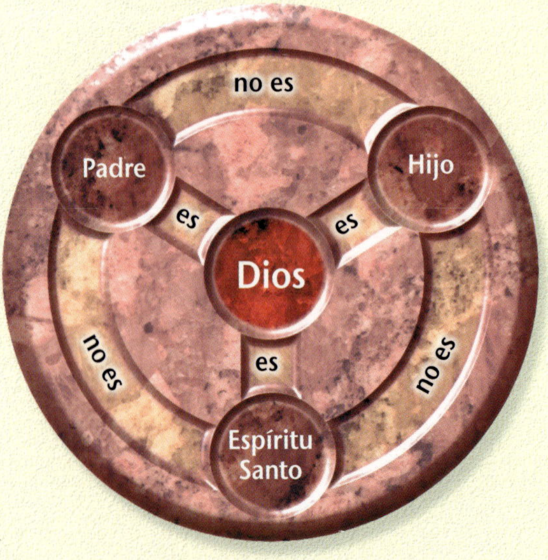

Los primeros cristianos usaron este diagrama para explicar la Trinidad. El Padre, el Hijo y el Espíritu Santo son todos Dios, pero estos términos no son tres nombres para la misma persona.

Las Personas son distintas: El Padre no es el Hijo.
El Hijo no es el Espíritu Santo.
El Espíritu Santo no es el Padre.

La Iglesia y los Credos

El **Credo de Atanasio**, escrito alrededor de 400 d.C. y nombrado en homenaje a Atanasio, un gran defensor de la Trinidad, dice que tres Personas no son tres Dioses, sino solamente uno.

Trinidad en la unidad; sin confundir las personas ni separar las sustancias.

Porque una es la persona del Padre y el Hijo y otra (también) la del Espíritu Santo; pero el Padre y el Hijo y el Espíritu Santo tienen una sola divinidad, gloria igual y coeterna majestad. Cual el Padre, tal el Hijo, increado (también) el Espíritu Santo; increado el Padre, increado el Hijo, increado (también) el Espíritu Santo; inmenso el Padre, inmenso el Hijo, inmenso (también) el Espíritu Santo; eterno el Padre, eterno el Hijo, eterno (también) el Espíritu Santo.

Y, sin embargo, no son tres eternos, sino un solo eterno, como no son tres increados ni tres inmensos, sino un solo increado y un solo inmenso. Igualmente, omnipotente el Padre, omnipotente el Hijo, omnipotente (también) el Espíritu Santo; y, sin embargo no son tres omnipotentes, sino un solo omnipotente.

Así Dios es el Padre, Dios es el Hijo, Dios es (también) el Espíritu Santo; y, sin embargo, no son tres dioses, sino un solo Dios; Así, Señor es el Padre, Señor es el Hijo, Señor (también) el Espíritu Santo; y, sin embargo, no son tres señores, sino un solo Señor; porque así como por la cristiana verdad somos compelidos a confesar como Dios y Señor a cada Persona en particular; así la religión católica nos prohíbe decir tres dioses y señores.

El Padre, por nadie fue hecho ni creado ni engendrado. El Hijo fue por solo el Padre, no hecho ni creado, sino engendrado. El Espíritu Santo, del Padre y del Hijo, no fue hecho ni creado, sino que procede.

Hay, consiguientemente, un solo Padre, no tres padres; un solo Hijo, no tres hijos; un solo Espíritu Santo, no tres espíritus santos; y en esta Trinidad, nada es antes ni después, nada mayor o menor, sino que las tres personas son entre sí coeternas y coiguales, de suerte que, como antes se ha dicho, en todo hay que venerar lo mismo la unidad de la Trinidad que la Trinidad en la unidad.

El **Credo de Calcedonia**, escrito por los líderes de la iglesia en 451 d.C. con el propósito de defender la fe contra las falsas enseñanzas, expresa que Jesús es totalmente Dios y totalmente hombre.

Nosotros, entonces, siguiendo a los santos Padres, todos de común consentimiento, enseñamos a los hombres a confesar a Uno y el mismo Hijo, nuestro Señor Jesucristo, el mismo perfecto en Deidad y también perfecto en humanidad; verdadero Dios y verdadero hombre, de cuerpo y alma racional; cosustancial (coesencial) con el Padre de acuerdo a la Deidad, y cosustancial con nosotros de acuerdo a la humanidad; en todas las cosas como nosotros, sin pecado; engendrado del Padre antes de todas las edades, de acuerdo a la Deidad; y en estos postreros días, para nosotros, y por nuestra salvación, nacido de la virgen María, de acuerdo a la humanidad; uno y el mismo, Cristo, Hijo, Señor, Unigénito, para ser reconocido en dos naturalezas inconfundibles, incambiables, indivisibles, inseparables; por ningún medio de distinción de naturalezas desaparece por la unión, más bien es preservada la propiedad de cada naturaleza y concurrentes en una Persona y una Sustancia, no partida ni dividida en dos personas, sino uno y el mismo Hijo, y Unigénito, Dios, la Palabra, el Señor Jesucristo; como los profetas desde el principio lo han declarado con respecto a Él, y como el Señor Jesucristo mismo nos lo ha enseñado, y el Credo de los Santos Padres que nos ha dado.

Una simple illustración:

Hielo, Agua, Vapor:

Todas tienen la misma naturaleza, agua.

(De igual modo, el Padre, Hijo, y Espíritu Santo son Dios al mismo tiempo.)

- *Más del Hijo dice: Tu trono, oh Dios, por el siglo del siglo; cetro de equidad es el cetro de tu reino. (Hebreos 1:8)*
- *Por lo cual Dios también le exaltó hasta lo sumo, y le dio un nombre que es sobre todo nombre, para que en el nombre de Jesús se doble toda rodilla de los que están en los cielos, y en la tierra, y debajo de la tierra; y toda lengua confiese que Jesucristo es el Señor, para gloria de Dios Padre. (Filipenses 2:9-11)*

  Pablo, el autor de Filipenses, dice acerca de Jesús lo que Isaías 45:23 dice acerca de Dios el SEÑOR, y llega a la conclusión de que Jesús es el SEÑOR, el mismo Dios.

Ver estos pasajes acerca de la deidad de Jesús: Isaías 7:14; Isaías 9:6; Juan 1:1; Juan 1:18; Juan 8:58,59; Juan 10:30; Hechos 20:28; Romanos 9:5 y 10:9-13; Colosenses 2:9; Tito 2:13; Hebreos 1:3, 8; 2 Pedro 1:1; 1 Juan 5:20.

El Espíritu Santo es Dios:

- *Y dijo Pedro: Ananías, ¿por qué llenó Satanás tu corazón para que mintieses al Espíritu Santo? ... No has mentido a los hombres, sino a Dios. (Hechos 5:3,4)*

  Este versículo iguala al Espíritu Santo con Dios.
- *Porque el Señor es el Espíritu. (2 Corintios 3:17)*

  Aquí el término "el Señor" alude a Éxodo 34:34, el pasaje del Antiguo Testamento que Pablo citó en el versículo anterior (2 Corintios 3:16).

Más de 60 pasajes de la Biblia mencionan a las 3 Personas juntas:

- Mateo 3:16,17 "Y Jesús, después que fue bautizado, subió luego del agua; y he aquí los cielos le fueron abiertos, y vio al Espíritu de Dios que descendía como paloma, y venía sobre él. Y hubo una voz de los cielos, que decía: Este es mi Hijo amado, en quien tengo complacencia."
- Mateo 28:19 "Por tanto, id, y haced discípulos a todas las naciones, bautizándolos en el nombre del Padre, y del Hijo, y del Espíritu Santo."
- 2 Corintios 13:14 "La gracia del Señor Jesucristo, el amor de Dios, y la comunión del Espíritu Santo sean con todos vosotros."
- Efesios 4:4-6 "Un cuerpo, y un Espíritu, como fuisteis también llamados en una misma esperanza de vuestra vocación; un Señor, una fe, un bautismo, un Dios y Padre de todos, el cual es sobre todos, y por todos, y en todos."
- Tito 3:4-6 "Pero cuando se manifestó la bondad de Dios nuestro Salvador, y su amor para con los hombres, nos salvó, no por obras de justicia que nosotros hubiéramos hecho, sino por su misericordia, por el lavamiento de la regeneración y por la renovación en el Espíritu Santo, el cual derramó en nosotros abundantemente por Jesucristo nuestro Salvador ..."

Ver también Juan 3:34,35; Juan 14:26; Juan 15:26; Juan 16:13-15; Romanos 14:17, 18; Romanos 15:13-17; Romanos 15:30; 1 Corintios 6:11, 17-19; 1 Corintios 12:4-6; 2 Corintios 1:21,22; 2 Corintios 3:4-6; Gálatas 2:21–3:2; Gálatas 4:6; Efesios 2:18; Efesios 3:11-17; Efesios 5:18-20; Colosenses 1:6-8; 1 Tesalonicenses 1:1-5; 1 Tesalonicenses 4:2,8; 1 Tesalonicenses 5:18,19; 2 Tesalonicenses 3:5; Hebreos 9:14; 1 Pedro 1:2; 1 Juan 3:23,24; 1 Juan 4:13, 14 y Judas 20,21.

Malentendidos acerca de la Trinidad

Malentendido #1: "La palabra 'Trinidad' no aparece en la Biblia; es una creencia inventada por los cristianos en el cuarto siglo."

Verdad: Es cierto que la palabra "Trinidad" no está en la Biblia, pero la Trinidad es, sin embargo, una creencia basada en la Biblia. El suponer que sólo las palabras que se encuentran en la Biblia presentan conceptos bíblicos es ilógico. Otras palabras que expresan conceptos que muchos reconocen como bíblicos, tales como encarnación, monoteísmo, omnipresencia, omnisciencia y omnipotencia, tampoco se encuentran en la Biblia.

La palabra "Trinidad" se usó para explicar la relación eterna entre el Padre, el Hijo y el Espíritu Santo. Muchos pasajes bíblicos expresan la Trinidad (página 3). Aunque muchas creencias falsas surgieron durante los primeros años del cristianismo, y aún surgen hoy, la iglesia constantemente defiende sus creencias. Los siguientes líderes y escritos de la iglesia primitiva, defendieron la doctrina de la Trinidad mucho antes de 300 d.C.:

Fechas aproximadas:	
96 d.C.	**Clemente**, tercer obispo de Roma
90-100 d.C.	**Enseñanza de los Doce Apóstoles**, el "Didajé"
90? d.C.	**Ignacio**, obispo de Antioquía
155 d.C.	**Justino Mártir**, gran escritor cristiano
168 d.C.	**Teófilo**, el sexto obispo de Antioquía
177 d.C.	**Atenágoras**, teólogo
180 d.C.	**Ireneo**, obispo de Lión
197 d.C.	**Tertuliano**, líder de la iglesia primitiva
264 d.C.	**Gregorio Taumaturgo**, líder de la iglesia primitiva

Malentendido #2: "Los cristianos creen en tres Dioses."

Verdad: Los cristianos creen en un solo Dios.

Algunos creen, erróneamente, que los cristianos son politeístas (gente que cree en muchos dioses) porque ellos se refieren al Padre como Dios, al Hijo como Dios, y al Espíritu Santo como Dios. Pero los cristianos creen en un solo Dios. La Biblia dice que hay un solo Dios, pero también llama "Dios" a tres personas distintas. A travéz del tiempo la gente ha tratado de hallar explicaciones simples para la Trinidad. Si bien las ilustraciones son limitadas, algunas son útiles – Por ejemplo:

Dios no es	1 + 1 + 1 = 3
Dios es	1 x 1 x 1 = 1

La Trinidad es una doctrina profunda que debe aceptarse por fe. Aceptar una doctrina por fe no excluye el razonamiento, sino que también significa que no podemos aplicar siempre la misma lógica que usamos en matemáticas. Sin la Trinidad, la doctrina cristiana de la salvación no se sostiene. Algunos grupos religiosos que declraran creer en el Dios de la Biblia, pero rechazan la Trinidad, poseen un concepto de salvación que se basa en buenas obras.

Se cree que San Patricio usó el trébol para ilustrar la Trinidad. Él preguntaba, "¿Es ésta una hoja o tres? Si es una hoja, ¿por qué tiene tres lóbulos de igual tamaño? Si son tres hojas, ¿por qué hay un solo tallo? Si tú no puedes explicar un misterio tan simple como el trébol, ¿cómo esperas entender uno tan profundo como la Santa Trinidad?"

San Patricio (432 d.C.) usó el trébol para ilustrar la Trinidad.

Cómo trataron los primeros cristianos con estos malentendidos

Los teólogos cristianos de los dos primeros siglos escribieron muchas obras en las que defendían al cristianismo ante varias amenazas:

- Persecución del Imperio Romano. Hasta los primeros años del siglo cuarto, el cristianismo fue ilegal y con frecuencia los cristianos fueron perseguidos cruelmente.
- Herejías que atacaron las creencias cristianas centrales, en especial la deidad de Jesucristo y la naturaleza de Dios.

El **Credo de los Apóstoles** fue una de los primeras confesiones de fe que los líderes cristianos confeccionaron para clarificar las creencias básicas del cristianismo. Resalta la verdadera humanidad —que incluye el cuerpo físico— de Jesús, lo cual era negado por los herejes de la época.

> *Creo en Dios Padre, Todopoderoso, Creador del Cielo y la Tierra.*
>
> *Creo en Jesucristo, su Unigénito Hijo, nuestro Señor, quien fue concebido por el Espíritu Santo, nacido de la virgen María; sufrió bajo Poncio Pilato; fue crucificado, muerto y sepultado; descendió al infierno; al tercer día resucitó de entre los muertos; ascendió al cielo, y se sentó a la derecha de Dios Padre Todopoderoso. Desde allí vendrá a juzgar a los vivos y a los muertos.*
>
> *Creo en el Espíritu Santo, la santa Iglesia Universal, la comunión de los santos, el perdón de los pecados, la resurrección del cuerpo, y la vida eterna. Amén.*

El **Credo Niceno** fue escrito por los líderes de la iglesia en 325 d.C. y luego amplificado ligeramente. Fue escrito para defender la creencia de la iglesia en la total deidad de Cristo y para rechazar oficialmente las enseñanzas de Arrio, un hombre que reclamaba que Cristo era una deidad creada e inferior.

> *Creemos en un solo Dios, Padre Todopoderoso, creador de Cielo y Tierra, de todo lo visible e invisible.*
>
> *Creemos en un solo Señor, Jesucristo, Hijo único de Dios, nacido del Padre antes de todos los siglos: Dios de Dios, Luz de Luz, Dios verdadero de Dios verdadero, engendrado no creado, de la misma naturaleza del Padre, por quien todo fue hecho. Que por nosotros y por nuestra salvación bajó del cielo: por obra del Espíritu Santo se encarnó de María, la virgen, y se hizo hombre. Por nuestra causa fue crucificado en tiempos de Poncio Pilato: padeció y fue sepultado. Resucitó al tercer día, según las Escrituras, subió al cielo y está sentado a la derecha del Padre. De nuevo vendrá con gloria para juzgar a vivos y muertos, y su Reino no tendrá fin.*
>
> *Creemos en el Espíritu Santo, Señor y dador de vida, que procede del Padre y del Hijo, que con el Padre y el Hijo recibe una misma adoración y gloria, y que habló por los profetas.*
>
> *Creemos en la Iglesia, que es una, santa, universal y apostólica. Reconocemos un solo bautismo para el perdón de los pecados. Esperamos la resurrección de los muertos y la vida del mundo futuro. Amén.*

Nota: En donde nosotros traducimos "iglesia universal", algunas versiones de los credos traducen "iglesia católica". Esta no es una referencia a la iglesia católica como tal, sino que la palabra "católica", derivada del griego, significa "universal".

Malentendido #6: "Jesús no fue totalmente Dios y totalmente hombre."

A través de la historia, muchos han rehuido el concepto de que Jesús es perfecto Dios y perfecto hombre, y han tratado de resolver la paradoja diciendo que Jesús era un mero hombre a través del cual Dios habló, o que él fue Dios y meramente aparentó ser humano, o alguna otra creencia "más simple". Admitimos que la idea de que Jesús se hizo hombre, no es fácil de entender en toda su dimensión, pero la doctrina de la "Incomprensibilidad de Dios" no enseña que es imposible para nosotros comprender la Trinidad o la unión hipostática. Lo que sí enseña es que es imposible para seres humanos limitados, entender al Dios infinito en forma total. Los humanos no podemos encerrar a Dios en nuestra mente, pero sí podemos, y se requiere de nosotros, que entendamos y recibamos lo que Él nos ha revelado respecto a Su naturaleza. La revelación de Dios acerca de sí mismo, no es ininteligible. La Encarnación —la verdad de que Dios se hizo carne— es claramente revelada en la Biblia, y como tal, es nuestro deber entenderla y recibirla en la medida que nos ha sido revelada.

La Biblia enseña claramente que Jesús es totalmente humano

De niño, él creció física, intelectual, social y espiritualmente (Lucas 2:40,52).

Se cansaba, dormía, sudaba, experimentaba hambre y sed; sangró y murió, y su cuerpo fue sepultado (Mat. 4:2; 8:24; Luc. 22:44; Jn. 4:6,7; 19:28-42).

Luego que resucitó de entre los muertos, él comió y bebió con seres humanos y les permitió ver sus cicatrices y tocar su cuerpo (Lucas 24:39-43; Juan 20:27-29; Hechos 10:41).

La Biblia también enseña claramente que Jesús es totalmente Dios

Jesús hizo en la tierra lo que sólo Dios puede hacer: él sujetó las fuerzas de la naturaleza (Mateo 8:23-27; 14:22-33), perdonó pecados (Marcos 2:1-12), y da vida a los que quiere dar vida (Juan 5:19-23).

Pablo dijo que Dios ganó la iglesia con su propia sangre (Hechos 20:28).

Pablo dijo, además, que los gobernantes de este mundo, actuando sin sabiduría, crucificaron al Señor de gloria (1 Cor. 2:8).

Toda la plenitud de la naturaleza y el ser de Dios reside (habita) en el cuerpo resucitado de Jesús (Col. 2:9).

Ireneo, líder de la iglesia primitiva (177 d.C.) escribe: "La Iglesia, ... recibió de los apóstoles y sus discípulos la fe en un Dios, y el Padre Todopoderoso, quien hizo los cielos y la tierra, y los mares, y todo lo que en ellos hay; y en Cristo Jesús, el Hijo de Dios, quien se encarnó para nuestra salvación; y en el Espíritu Santo, quien por medio de los profetas proclamó las dispensaciones de Dios ..." Contra Herejías, libro I, capítulo X, 10.1

Malentendidos acerca de la Trinidad

Malentendido #3: "Jesús no es Dios."

Verdad: Jesús es Dios, la segunda Persona de la Trinidad.

1. Afirmaciones de Jesús

- **Perdonó pecados.** Podemos, y debemos, perdonar los pecados cometidos contra nosotros, pero sólo Dios puede perdonar pecados cometidos contra otros. (ver Marcos 2:5-12)
- **Aceptó adoración y aseguró merecer el mismo honor que el Padre.** (Mateo 14:33; 28:17,18; Juan 5:22,23; 9:38; 17:5)
- **Aseguró ser el divino Hijo de Dios,** un título que los judíos correctamente entendían como una afirmación de igualdad con Dios (Juan 5:17,18; 10:30; 19:7)

Caracteristicas

2.

Cualidades y títulos únicos de Dios	Cualidades y títulos de Jesús
Creación es "la obra de sus manos" solamente (Génesis 1:1; Salmo 102:25; Isaías 44:24)	Creación es "la obra de sus manos" todas las cosas creadas fueron hechas por él y para él (Juan 1:3; Colosenses 1:16; Hebreos 1:2,10)
"El primero y el postrero" (Is.44:6)	"El primero y el último" (Ap. 1:17; 22:13)
"Señor de señores" (Deuteronomio 10:17; Salmo 136:3)	"Señor de señores" (1 Timoteo 6:15; Apocalipsis 17:14; 19:16)
Inmutable y eterno (Salmo 90:2; 102:26,27; Malaquías 3:6)	Inmutable y eterno (Juan 8:58; Col. 1:17; Heb. 1:11,12; 13:8)
Juez de toda la tierra (Génesis 18:25; Salmos 94:2; 96:13; 98:9)	Juez de todo el mundo (Juan 5:22; Hechos 17:31; 2 Cor. 5:10; 2 Tim. 4:1)
Único Salvador; ningún otro puede salvar (Isaías 43:11; 45:21,22; Oséas 13:4)	Salvador del mundo; no hay salvación sin él. (Juan 4:42; Hechos 4:12; Tito 2:13; 1 Juan 4:14)
Redime a un pueblo de sus pecados para que sea Su posesión (Éxodo 19:5; Salmo 130:7, 8; Ez. 37:23)	Redime a un pueblo de sus pecados para que sea Su posesión (Tito 2:14)
Escucha y responde las oraciones de los que le invocan (Salmo 86:5-8; Isaías 55:6,7; Jeremías 33:3; Joel 2:32)	Escucha y responde las oraciones de los que le invocan (Juan 14:14; Romanos 10:12,13; 1 Corintios 1:2; 2 Corintios 12:8,9)
Sólo Dios posee gloria divina (Isaías 42:8; 48:11)	Jesús posee gloria divina (Juan 17:5)
Adorado por los ángeles (Salmo 97:7)	Adorado por los ángeles (Heb. 1:6)
Dador de vida (Génesis 2:7; Deuteronomio 32:39; Salmo 36:9)	Dador de vida (Juan 5:21; 10:28; 11:25)

Malentendido #4: "Jesús es un dios *menor* que el Padre."

Verdad: Jesús es Dios igual que el Padre. Aquellos que lo niegan podrían usar los siguientes versículos en sus argumentos. (Estas herejías datan desde los tiempos de Arrio, 319 d.C.)

Versículos erróneamente usados para enseñar que Cristo fue creado:

1. Colosenses 1:15: Si Cristo es "el primogénito de toda creación," ¿fue un ser creado?

   Respuesta: "Primogénito" no puede significar que Cristo fue creado, porque el apóstol Pablo dice que todas las cosas fueron creadas en Cristo y para Cristo, y que él existe antes de todas las cosas y él es quien sustenta toda la creación (Col. 1:16,17). El "primogénito" era tradicionalmente el principal heredero. Pablo dice, en ese contexto, que Cristo, como el Hijo de Dios, es el principal heredero de toda la creación (versos 12-14).

2. Juan 3:16: ¿Significa "Hijo unigénito" que Jesús tuvo un comienzo?

   Respuesta: "Hijo unigénito" (*monogenes*) no significa que Jesús tuvo un comienzo. La palabra apunta a que Jesús es el Hijo de Dios "único". En Hebreos 11:17, Isaac es llamado el hijo unigénito de Abraham a pesar de que Abraham tuvo otros hijos (Gén. 22:2; 25:1-6), entre ellos a Ismael (Gén. 16:15,16). Jesús es el Hijo de Dios "único" en el sentido de que solamente Jesús es totalmente Dios y el Hijo del Padre eternamente (Juan 1:1-3; 14-18).

3. Proverbios 8:22: ¿Significa esto que Cristo (la "Sabiduría") fue creado?

   Respuesta: Esta no es una descripción literal de Cristo, sino una personificación de la sabiduría. Por ejemplo, Cristo no vivió en el cielo con alguien llamado Cordura, (verso 12); él no construyó una casa con siete columnas (9:1). Este verso dice en forma poética que Dios usó sabiduría para crear el mundo (ver Prov. 3:19,20).

Versículos erróneamente usados para enseñar que Jesús es inferior al Padre:

1. Juan 14:28: Si el Padre es "mayor " que Jesús, ¿cómo puede Jesús ser Dios?

   Respuesta: Durante su vida humana en la tierra, Jesús voluntariamente compartió nuestras limitaciones naturales (excepto el pecado, el cual no es inherente a la naturaleza humana, sino que es el resultado de la caída). Para salvarnos, dejó su posición de igualdad con el Padre, temporariamente, a los efectos de despojarse a sí mismo, tomando sobre sí una naturaleza humana para nuestro beneficio (Filipenses 2:5-8). Luego de resucitar, Jesús retornó a la gloria que tuvo con el Padre (Juan 17:5; Filipenses 2:9-11).

2. 1 Corintios 15:28: Si Jesús es Dios, ¿por qué se sujetará al Padre?

   Respuesta: Dios ha ordenado eternamente una relación de autoridad y sumisión entre las Personas de la Trinidad, aunque ellas compartan la misma gloria y esencia. Esto se refleja también en las estructuras de autoridad que Dios ha ordenado para los hombres, donde el esposo tiene autoridad sobre la esposa (Efesios 5:22; Colosenses 3:18; Tito 2:5; 1 Pedro 3:1), aún cuando ninguno es mejor ni mayor que el otro (comp. Génesis 1:26-28, donde varón y hembra son creados y llamados Adán, y en Jesús son uno, comp. Gálatas 3:28). El mismo principio puede ser observado en otras relaciones ordenadas por Dios entre los humanos, en la Iglesia (Hebreos 13:17), y en el mundo (1 Pedro 2:13). Por lo tanto, la eterna sujeción voluntaria de Jesús al Padre no tiene inferencia sobre la igualdad de ambos.

Malentendido #5: "El Padre, el Hijo, y el Espíritu Santo son sólo diferentes títulos de Jesús, o tres diferentes formas en que Dios se ha revelado."

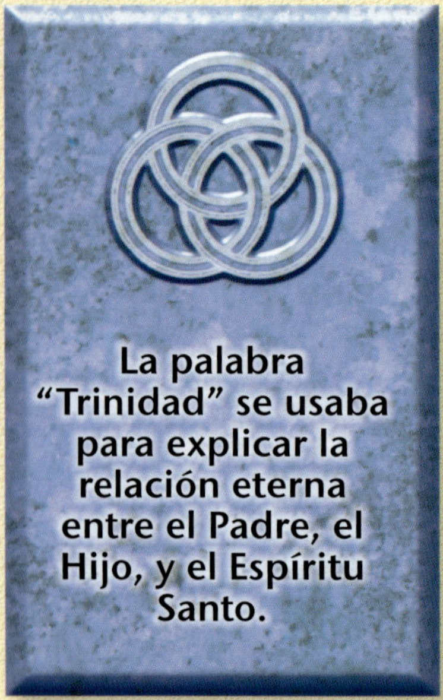

Verdad: La Biblia muestra claramente que el Padre, el Hijo, y el Espíritu Santo son personas distintas.

Algunos piensan que la doctrina de la Trinidad contradice la verdad que señala que hay un solo Dios. Argumentan que sólo Jesús es el verdadero Dios, y por ende que Jesús es "el nombre del Padre, y del Hijo, y del Espíritu Santo" (Mateo 28:19), y no únicamente el nombre del Hijo. Si bien es verdad que hay sólo un Dios, debemos permitir que la Biblia defina lo que esto significa. La Biblia deja bien en claro que el Padre, el Hijo, y el Espíritu Santo, son personas distintas:

- el Padre envía al Hijo (Gálatas 4:4; 1 Juan 4:14)
- el Padre envía al Espíritu (Juan 14:26; Gálatas 4:6)
- el Hijo habla no por sí mismo, sino según le enseñó el Padre (Juan 8:28; 12:49)
- el Espíritu habla, pero no por su propia cuenta, sino en representación de Cristo (Juan 16:13-15)
- el Padre ama al Hijo y el Hijo ama al Padre (Juan 3:35; 5:20; 14:31)
- el Padre y el Hijo son dos testigos (Juan 5:31-37; 8:16-18)
- el Padre y el Hijo se glorifican el uno al otro (Juan 17:1,4,5), y el Espíritu glorifica a Jesús, el Hijo (Juan 16:14)
- el Hijo oficia de Abogado por nosotros frente al Padre (1 Juan 2:1; griego, *parakletos*); Jesús el Hijo envía el Espíritu Santo, quien es otro Abogado (Juan 14:16,26)
- Jesucristo no es el Padre, sino el Hijo del Padre (2 Juan 3)

En Mateo 28:19, Jesús no se identifica como Padre, Hijo, y Espíritu Santo. Lo que dice es que el bautismo cristiano identifica a la persona como alguien que cree en el Padre, en el Hijo a quien el Padre envió a morir por nuestros pecados, y en el Espíritu Santo a quien el Padre y el Hijo enviaron a morar en nuestros corazones.

ROSE ESPAÑOL

Un sello editorial de Hendrickson Publishing Group

Rose Publishing, LLC
www.hendricksonrose.com

Fechas para los líderes de la iglesia primitiva: The Oxford Dictionary of The Christian Church, edited by E.A. Livingstone (Oxford: Oxford University Press, 1977).

ISBN 978-162862-913-2

9 781628 629132

Muchas gracias a quienes han compartido su conocimiento experto e investigación sobre este tema: Robert M. Bowman, Presidente de Center for Biblical Apologetics; Dennis L. Okholm, Ph.D., Profesor de Teología, Wheaton College; Gary M. Burge, Ph.D., Profesor de Nuevo Testamento, Wheaton College; Paul Carden, Director Ejecutivo de The Centers for Apologetics Research; Robert Cubillos, historiador sobre temas de la iglesia; Ron Rhodes, Presidente de Reasoning from the Scripture Ministries.

S410X *La Trinidad* SKU: 629134
Minoristas: Paquete de 5 folletos =
ISBN: 9781628629323 SKU: 629324